L'article 13 TUE délivre une information supplémentaire. En présentant les traits généraux de l'ensemble des institutions hormis la Banque centrale européenne et la Cour des comptes qui ne sont présentées de la sorte qu'au sein du TFUE, on peut avoir le sentiment qu'il existerait des institutions de premier et de second ordre. Toutefois, cela est à relativiser. Ces deux entités font bien partie des institutions de l'Union européenne.

Petit point sur les traités

On lit souvent les mentions « TUE » et « TFUE » car il y a en effet non pas un mais bien deux traités encadrant l'Union européenne, dits « traités constitutifs ». Le traité de l'Union européenne (TUE) correspond à la partie institutionnelle, constitutionnelle, alors que le traité sur le fonctionnement de l'Union européenne (TFUE) envisage le fonctionnement technique des institutions. Tous les deux forment depuis le 1er décembre 2009, le traité de Lisbonne.

D'ailleurs, on entend souvent les expressions telles que « le traité version Maastricht » ou encore « sous l'ère d'Amsterdam », mais qu'est-ce que cela signifie ? Un peu à la manière des versions de mise à jour d'un programme informatique, les traités constitutifs de l'Union européenne sont révisés soit en vue de passer à l'étape suivante du processus d'intégration qui correspond à l'objectif premier, l'essence même de l'Union ; soit afin d'adapter les institutions et leur fonctionnement à l'adhésion de nouveaux membres (mais pas encore à leur retrait !). L'expression « le traité version Maastricht » signifie donc que l'on fait référence au traité de l'Union après la révision intervenue en 1992, puisque le traité de Maastricht a été signé le 7 février 1992 et est entré en vigueur le 1er novembre 1993 ; « sous l'ère d'Amsterdam » correspond au traité de l'Union après la révision de 1997, signé le 2 octobre 1997 et entré en vigueur le 1er mai 1999, et ainsi de suite. Petite exception, en ce qui concerne « l'Acte unique européen », seule révision à ne pas mentionner la ville dans laquelle s'est réuni le Conseil européen afin de signer le traité, il faut donc se souvenir des dates de signature (28 février 1986) et d'entrée en vigueur (1er juillet 1987). Quoi qu'il en soit, **l'ensemble de ces traités ne constitue** en réalité qu'un **seul et même traité**, nommé aujourd'hui « le traité de Lisbonne », soit le TUE **ET** le TFUE dans leurs versions révisées, signés à Lisbonne le 13 décembre 2007 et entré en vigueur le 1er décembre 2009.

N.B. : Les dates envisagées ici sont dans la majorité des cas celles d'entrée en vigueur des actes évoqués.

1

LES CONSEILS

On distingue deux conseils au sein des institutions de l'Union européenne. D'une part, le **Conseil européen**, composé **des chefs d'État ou de gouvernement** (dans les cas où les chefs d'État ne bénéficieraient que de prérogatives symboliques) **des États membres**, aujourd'hui, en 2022, au nombre de 27. D'autre part, le « Conseil de l'Union européenne », également nommé « Conseil des ministres » ou encore « Conseil », institution à composition variable. Il réunit l'ensemble **des ministres ou représentants au niveau ministériel des États membres selon la question politique abordée**. C'est donc le domaine du sujet traité qui établira la composition du Conseil. Ces deux institutions permettent de **défendre les intérêts des États membres et de définir les grandes orientations du processus d'intégration européenne**.

LES CONSEILS DE L'UNION EUROPÉENNE

Conseil européen	Conseil de l'Union européenne
Réunion des **chefs d'État ou de gouvernement** des États membres	Réunion des **ministres** ou **représentants au niveau ministériel** des États membres Réunion **en dix formations**
Organe de **coordination et d'impulsion politique**	Organe de **coordination** au sein du fonctionnement de l'Union et entre les **différentes institutions** **Colégislateur** avec le Parlement européen
Logique **intergouvernementale**	Logique de **l'intégration**

A. LE CONSEIL EUROPÉEN

1° Histoire et fonctions

Le Conseil européen est **né de la pratique** car les « traités de Rome » (1er janvier 1958), traités constitutifs des Communautés européennes - la Communauté européenne du charbon et de l'acier (CECA) et la Communauté européenne économique (CEE) - n'envisageaient expressément que la création :
- d'une Commission européenne nommée « Haute Autorité » dans le cadre de la CECA ;
- d'un Conseil ;
(institutions existantes dans chacune des Communautés européennes)
- d'une Assemblée parlementaire ;
- d'une Cour de justice
(institutions communes aux deux Communautés européennes).

C'est à partir de 1961 que les chefs d'État et de gouvernement des six États fondateurs se réunissent en « sommets européens », enceintes informelles, de manière irrégulière et surtout lorsque les crises des Communautés européennes l'imposent. Le Conseil européen, tel qu'on le connaît aujourd'hui constitue donc **l'héritier de ces sommets européens**. Ce n'est qu'à partir du « Sommet de Paris » du 10 décembre 1974 qu'il apparaît concrètement.

Or, sa création révèle une **double ambiguïté, formelle et substantielle**, au sein de l'architecture institutionnelle des Communautés, aujourd'hui Union européenne. Tout d'abord, le **fondement juridique** sur lequel se base sa création n'est qu'un « communiqué » adopté à l'issue du Sommet de Paris et non un acte adopté par une institution déjà existante. Ensuite, il est destiné à **diriger** de manière toujours plus ou moins informelle, à la fois, l'activité communautaire caractérisée **par la logique d'intégration** poursuivie par l'organisation, **mais également** à conduire la « coopération politique » qui s'est développée en marge des traités constitutifs depuis 1970 (par définition d'essence purement **intergouvernementale**, ce qui semble, à cette époque, être totalement à rebours de l'ambition européenne). C'est donc presque de façon naturelle que le Conseil européen est créé à l'extérieur des traités au regard de la nature de ses activités, mais qu'il est, en revanche, dès sa création, considéré comme une institution agissant dans l'intérêt de ses membres et au service de l'organisation qu'ils composent.

Avec l'évolution des communautés européennes, son statut **devient stable et fonctionnel**. Son existence est consacrée par l'Acte unique européen (1er juillet 1987) et le traité de Maastricht (1er novembre 1993) viendra préciser ses fonctions. Le traité de Lisbonne (1er décembre 2009) en fait une institution (art. 13 § 1 TUE), en modifie sa composition (art. 15 TUE) et lui reconnaît des compétences décisionnelles explicites (art. 236 TFUE).

La promotion au statut « d'institution de l'Union »

Le traité de Lisbonne est venu consacrer le Conseil européen en tant que véritable institution de l'Union européenne. Les conséquences de ce choix sont nombreuses et conservent encore toute l'ambiguïté qui n'a cessé d'entourer l'existence du Conseil européen.

De ce fait, au-delà des décisions prises par voie de consensus (art. 15 § 4 TUE), marqueur indéniable (et irrévocable ?) de l'intergouvernementalisme qui caractérise le Conseil européen, ce dernier peut désormais **adopter certaines décisions à la majorité qualifiée**, en suivant les mêmes règles que le Conseil de l'Union ; le président du Conseil européen et celui de la Commission ne prenant pas part au vote (art. 235 TFUE).

De même, sa situation dans le contentieux de l'Union vient s'aligner sur celle du Parlement en ce que la Cour de justice peut **dorénavant contrôler la légalité de ses actes** destinés à produire des effets juridiques à l'égard de tiers (art. 263 TFUE) ou **censurer sa carence** (art. 265 TFUE).

La question de savoir quel était l'objectif de cette consécration reste donc encore aujourd'hui sans réponse. S'agit-il pour l'Union de venir contrôler l'action d'une des dernières enceintes intergouvernementales ou de forcer le Conseil européen à adopter la logique d'intégration quand bien même il n'a pas été dessiné pour cela ? Il est donc primordial de regarder les personnalités en assurant la présidence pour tenter de comprendre ce à quoi tend ou doit tendre le Conseil européen au sein de l'Union européenne.

Le Conseil européen est aujourd'hui un véritable **organe de coordination et d'impulsion politique** doté d'une capacité décisionnelle en **matière institutionnelle** lorsqu'il arrête les principales décisions nécessaires à l'organisation et au fonctionnement des autres institutions de l'Union ou encore en matière de **politique étrangère et de politique de sécurité commune** (PESC). En tant que représentant des États membres, il a pour rôle de définir les orientations et les priorités générales de l'Union européenne, soit le programme d'action de l'Union en adoptant des « conclusions ». Il n'a cependant **aucune fonction législative**.

Le traité de Lisbonne envisage expressément **quatre types d'interventions principales** :

- lorsqu'il « identifie les intérêts et objectifs stratégiques de l'Union » en matière **d'action extérieure** (art. 22 § 1 TUE, art. 26 § 1 TUE et art. 68 TFUE), le Conseil européen assure **un rôle général d'orientation** ;

- lorsqu'il prend part notamment à la **révision des traités constitutifs** (art. 48 TUE), la procédure de **constatation « d'une violation grave** et persistante **par un État membre des valeurs** visées à l'article 2 [TUE] » (art. 7 § 2 TUE) ou encore lorsqu'il adopte « [toute] **décision modifiant** tout ou partie des dispositions de la troisième partie du traité sur le fonctionnement de [l'UE] » (art. 48 § 6 TUE), il devient un **acteur clé des grandes procédures de l'UE** ;

- lorsqu'il propose un candidat pour la **présidence de la Commission** et la nomme dans son ensemble (art. 17 § 7 TUE), fixe la **composition du Parlement** (art. 14 § 2 TUE), adopte la liste des **formations du Conseil de l'UE** (art. 236 TFUE) et nomme les membres du **Directoire** de la Banque centrale européenne (art. 283 TFUE), le Conseil européen assure un **rôle de « chef de l'Union »** ;

- lorsqu'en cas de **difficulté de ratification** d'un traité de révision « il se saisit de la question » (art. 48 § 5 TUE), il devient **conciliateur dans l'Union**.

2° Composition

Le Conseil européen est composé des **chefs d'État ou de gouvernement des États membres**, dont un président, du président de la Commission avec l'assistance possible d'un ministre ou d'un commissaire européen, lorsque l'ordre du jour l'exige (art. 15 § 3 TUE), et du **Haut représentant de l'Union pour les affaires étrangères et la politique de sécurité**, vice-président de la Commission européenne (art. 15 § 2 TUE).

3° Fonctionnement

Il figure au sein de son règlement intérieur, adopté à la majorité simple (art. 235 § 3 TFUE).

a) La présidence

Le traité de Lisbonne est venu modifier les règles encadrant la présidence afin d'assurer une **permanence de celle-ci**. Le « président » est **élu** parmi les chefs d'État ou de gouvernement qui composent le Conseil européen, à la **majorité qualifiée pour deux ans et demi**, mandat **renouvelable une fois** et il ne peut exercer **aucun mandat national**. La même procédure permet au Conseil européen de mettre fin à son mandat en cas d'empêchement ou de faute grave (art. 15 § 5 TUE).

Les tâches incombant au président du Conseil européen sont donc nombreuses et diverses (art. 15 § 6 TUE) :

- il **préside** les réunions du Conseil européen et en **anime les travaux** ;

- il assure une **coopération avec le président de la Commission** lors de la préparation des réunions du Conseil européen ;

- il **présente au Parlement européen un rapport** à la suite de chacune des réunions ;

- il **assure la représentation extérieure de l'Union en matière de PESC**, sans préjudice des attributions du Haut représentant de l'Union pour les affaires étrangères et la politique de sécurité lors de sommets bilatéraux, multilatéraux au niveau international et multilatéraux au niveau de l'UE ;

- il **préside** également 2 fois par an les **sommets de la zone euro** (espace juridique qui regroupe les États membres de l'Union ayant adopté l'euro comme monnaie).

b) L'organisation des travaux

Les **chefs d'État et de gouvernement se réunissent** au moins quatre fois par an, généralement en mars, en juin, en octobre et en décembre. Ces réunions, souvent appelées « sommets de l'UE », se tiennent à Bruxelles et sont particulièrement médiatisées. Le cas échéant, le président peut également convoquer des **réunions extraordinaires** du Conseil européen ou des **réunions informelles**. Le Conseil européen peut aussi inviter le président du Parlement, le Haut représentant de l'Union pour les affaires étrangères et la politique de sécurité et le président de la Banque centrale européenne, à prendre part aux réunions sans toutefois bénéficier d'un droit de vote sur le thème abordé.

Le Conseil européen établit un programme stratégique quinquennal recensant les domaines prioritaires qui nécessitent une action et une attention particulière de l'UE à long terme et présente ensuite des programmes de travail à court terme à l'appui de ces objectifs plus larges.

Les **décisions et conclusions** du Conseil européen sont généralement prises par voie de consensus (c'est-à-dire lorsqu'aucun membre ne s'oppose à l'adoption). Toutefois, dans **certains** cas spécifiques prévus par les traités constitutifs (tels que l'adoption d'actes juridiques), le Conseil européen se prononce par un vote organisé **autour des trois modalités de vote traditionnelles** : l'unanimité, la majorité qualifiée et la majorité simple, chacune des modalités correspondant à des hypothèses précises (art. 235 et 236 TFUE) et exigeant la réunion du **quorum des deux tiers des membres** du Conseil européen.

LE CONSEIL EUROPÉEN

Réunion des **chefs d'État et de gouvernement** des États membres

+

Assistés :

- du **président de la Commission européenne**

- du **Haut représentant de l'Union pour les affaires étrangères et la politique de sécurité**

Art. 15§2 TUE

Organe de **coordination et d'impulsion politique** en matière internationale et de politique étrangère et de sécurité commune (PESC)
Il définit les orientations et les priorités générales de l'UE.
Aucune fonction législative

Interventions principales en matière de :

- Action extérieure (art. 22§1 et 26§1 TUE et art. 68 TFUE)
  Rôle général d'orientation

- - Révision des traités constitutifs (art. 48 TUE)
  - Constatation d'une violation des valeurs de l'UE par un État membre (art. 7§2 TUE)
  - Adoption d'une décision modifiant la 3e partie du TFUE (art. 48§6 TUE)
  Acteur des grandes procédures de l'UE

- - Proposition du président de la Commission et de la nomination de la Commission dans son ensemble (art. 17§7 TUE)
  - Fixation de la composition du Parlement (art. 14§2 TUE)
  - Fixation des formations du Conseil de l'UE (art. 236 TFUE)
  - Nomination du Directoire de la Banque centrale européenne (art. 283 TFUE)
  « Chef de l'Union »

- Difficulté de ratification d'un traité de révision (art. 48§5 TUE)
  Conciliateur dans l'UE

B. LE CONSEIL DE L'UNION EUROPÉENNE

Le Conseil de l'Union européenne, « Conseil des ministres » ou plus communément « Conseil », incarne l'institution qui permet de **représenter les intérêts des États membres**. En aucune façon il ne doit être assimilé à une chambre haute d'un parlement fédéral qui assurerait la représentation des composantes de l'État fédéral en question ou encore confondu avec le Conseil européen qui, au-delà d'être une institution intergouvernementale, est composé des chefs d'État et de gouvernement des États membres et non de leurs ministres.

Les fonctions du Conseil reflètent l'importance de son **rôle de coordination au sein du fonctionnement de l'Union et entre les différentes institutions**.

▸ Tout d'abord, le Conseil constitue **un pôle de décision essentiel** en ce qu'il « exerce conjointement avec le Parlement européen, les fonctions législatives et budgétaires. Il exerce des fonctions de définition des politiques et de coordination, conformément aux conditions prévues par les traités » (art. 16 § 1 TUE). Le mécanisme de « codécision » avec le Parlement européen lui permet de négocier et **adopter des actes législatifs** sur la base de propositions soumises par la Commission européenne. On le nomme souvent « **colégislateur** » de l'Union **avec le Parlement européen**.

▸ Ensuite, il est chargé de **coordonner les politiques des États membres** dans les domaines économique, budgétaire et de politique de l'emploi (art. 16 § 1 TUE) et également en matière d'éducation, de culture, de la jeunesse, des sports (art. 165 § 4 TFUE).

▸ **Il définit et met en œuvre la PESC** sur la base des orientations définies par le Conseil européen, et veille à l'unité, à la cohérence et à l'efficacité de l'action extérieure de l'Union conjointement avec le Haut représentant de l'Union pour les affaires étrangères et la politique de sécurité. D'ailleurs, le Conseil se prononce sur la signature et la conclusion des accords internationaux et adopte la décision finale permettant la conclusion effective de ce dernier, quelle que soit la matière dont il relève (art. 218 TFUE), même en matière de stabilité des prix, compétence de la Banque centrale européenne (art. 219 TFUE).

▸ € Enfin, le Conseil **adopte le budget annuel de l'Union**, conjointement **avec le Parlement européen** (art. 310 TFUE).

1° Composition

Le mécanisme de composition du Conseil de l'UE peut paraître complexe à première vue puisque, par principe, les **représentants des États membres au niveau ministériel** qui le composent (ministres ou secrétaires d'État ou encore représentant habilité à engager l'État membre) **se réunissent en dix formations différentes en fonction du sujet traité** (art. 236 TFUE, art. 16 § 6 TUE). On parlera alors de « Conseil de l'agriculture » ou de « formation "Agriculture" du Conseil ».

Toutefois, il faut relever que le **Conseil des affaires générales** (regroupant les ministres des affaires étrangères des États membres) et le **Conseil des affaires étrangères** (regroupant les ministres des affaires européennes des États membres accompagnés d'un membre de la Commission) bénéficient chacun d'un mandat particulier au regard des thématiques abordées (le premier chargé de l'action extérieure, domaine particulièrement dense, et le second préparant les réunions du Conseil européen) et de la nécessaire périodicité de rencontre autour de ces sujets. Leur **composition ne change pas** (ils peuvent toutefois être assistés si le sujet l'exige) et ils **se réunissent une fois par mois**.

En pratique, la composition des formations peut également varier en fonction de la transversalité du sujet traité ou de l'importance de la confidentialité qui doit entourer son étude :
- la **formation plénière ou « normale »** réunit le ministre du sujet abordé et cinq de ses collaborateurs ;
- la **formation restreinte** réunit le ministre et le représentant permanent de son État ainsi qu'un haut fonctionnaire ;
- la **formation super restreinte** ou « **marathon** » ne réunit que les ministres ;
- la **formation « Conseil jumbo »** réunit deux ou trois formations « normales » car son objectif est de réunir l'ensemble des ministres de chaque État membre concernés par des sujets transversaux ;
- la **formation « Conseils informels »** durant lesquels il n'y a ni ordre du jour, ni compte rendu.

Ajoutons à cela que **n'importe laquelle des dix formations** du Conseil peut **adopter un acte qui relève de la compétence d'une autre formation**. Ceci explique donc le fait que lors de l'adoption d'un acte législatif, il n'est pas précisé quelle est la formation du Conseil qui l'a adopté.

2° Fonctionnement

Le Conseil incarne le **pouvoir de décision de l'Union** par excellence. Ce rôle guide l'ensemble de son fonctionnement et explique en partie les choix opérés en matière de composition comme en ce qui concerne les modalités de vote arrêtées. Il est **assisté** d'un **secrétariat général** et du **Comité des représentants permanents** (COREPER), responsable de la préparation des travaux du Conseil et de l'exécution des mandats qu'il lui confie.

a) La présidence

La présidence du Conseil est assurée à tour de **rôle par chaque État membre** pour une période de **six mois**, on parle de « présidence tournante » (art. 16 § 9 TUE). Afin de l'accompagner pendant ce mandat, l'État membre qui préside travaille en **étroite coopération** avec deux autres États membres qui succèderont les uns aux autres par tranche de six mois. Ce système de « **trio** » a été introduit par le traité de Lisbonne qui précise toutefois que le Conseil des affaires étrangères fait exception à cette règle (voir encadré en page suivante).

Le trio d'États membres a la charge de fixer les objectifs à long terme et d'élaborer un programme commun définissant les thèmes et les grandes questions qui seront traités par le Conseil au cours de la période des dix-huit mois. Sur la base de ce programme, chacun des trois États élabore son propre programme semestriel de façon plus détaillée. La présidence a ainsi pour **rôle** de donner une **impulsion aux travaux législatifs** du Conseil tout en maintenant la continuité du programme de l'UE et en veillant au bon déroulement du processus législatif et à une bonne coopération entre les États membres.

Ses **tâches principales** sont donc :

- de **planifier et de présider les sessions** du Conseil et les réunions des instances préparatoires (COREPER et les autres groupes et comités) ;

- de **représenter le Conseil** dans ses **relations avec les autres institutions de l'Union**, en particulier le Parlement, la Commission, notamment par l'intermédiaire du Haut représentant de l'Union pour les affaires étrangères et la politique de sécurité et le président du Conseil européen.

La présidence du Conseil des affaires étrangères

Le Conseil des affaires étrangères est **composé de représentants des États membres au niveau ministériel** (ministres ou secrétaires d'État ou encore représentant habilité à engager l'État membre) mais à la différence des autres formations du Conseil de l'UE, celui-ci est **toujours présidé par le Haut représentant de l'Union pour les affaires étrangères et la politique de sécurité**.

Figure **née** avec l'adoption du traité de **Lisbonne**, il est également le **vice-président de la Commission européenne** et **siège au Conseil européen**.

On voit alors ici se dessiner la fonction de ce Conseil des affaires étrangères et surtout du Haut représentant, qui, sans être considéré comme **une institution à part entière,** permet de faire le **lien entre trois institutions** dont deux (auxquels il faut ajouter le Parlement) forment le triptyque décisionnel de l'Union européenne.

Au-delà de donner une visibilité personnifiée de l'Union sur la scène internationale, le Haut représentant constitue aujourd'hui un véritable **marqueur de coordination au sein de l'élaboration de la politique étrangère de l'Union européenne.**

b) L'organisation des travaux

Plusieurs groupes d'experts et comités spécialisés composés de fonctionnaires de tous les États membres, contribuent à **préparer les travaux des ministres**, propositions qui seront ensuite examinées et adoptées dans les différentes formations du Conseil (sauf si le Conseil en décide autrement).

À leurs côtés, il est important de mesurer le **rôle majeur du Comité des représentants permanents** (COREPER) subdivisé en COREPER I et COREPER II (art. 16 § 7 TUE, art. 240 § 1 TFUE). Le premier, à caractère plus technique, est composé de représentants permanents adjoints de chaque État membre et de fonctionnaires de la Commission au rang de chef d'unité ; le second, quant à lui, est compétent sur des sujets politiques et regroupe les chefs des délégations permanentes de chaque État membre auprès de l'Union bénéficiant du rang d'ambassadeur ainsi que de fonctionnaires de la Commission au rang de directeur. Chaque représentant d'État membre, quel que soit son rang, **exprime la position de son gouvernement**. Chacun des COREPER se réunit une fois par semaine.

Les **deux missions essentielles** du COREPER consistent en :

- une mission générale de **dialogue** entre les protagonistes se réunissant dans les **différentes formations** du Conseil, sorte de filtre tentant de **parvenir** à son niveau à un **préaccord** en vue des réunions ;

- la **préparation des réunions** du Conseil en orientant et en supervisant le travail des acteurs autres que les ministres.

À la fin des discussions relatives à l'étude d'une proposition au sein du COREPER, celle-ci est inscrite à l'ordre du jour du Conseil, soit en point « A », c'est-à-dire qu'elle peut être adoptée sans débat, soit en point « B », ce qui signifie que la proposition doit encore être débattue par les ministres, ce qui est toujours le cas en ce qui concerne les questions politiques. À la suite du débat au sein de la formation du Conseil, la proposition sera adoptée par vote.

c) Le processus décisionnel

Le Conseil prend ses décisions à la majorité simple, à la majorité qualifiée ou à l'unanimité, en fonction du domaine concerné de la décision qui doit être prise (art. 16 § 3 TUE, art. 238 TFUE). Il ne pourra procéder au vote que si la majorité de ses membres est présente et chacun des membres ne peut recevoir délégation que d'un seul autre membre (art. 239 TFUE).

Modalités de vote au Conseil de l'Union européenne

Modalité de vote	En pratique	Nature des textes adoptés	Objectif poursuivi
Majorité simple	Vote favorable de 14/27 États membres	Procédure expressément prévue dans les traités • Questions de procédure • Invitation de la Commission à réaliser des études ou présenter des propositions	Logique à mi-chemin entre l'intégration et la coopération intergouvernementale
Majorité qualifiée Art. 16 § 3 TUE	Vote favorable de 55 % des États membres, soit 15/27 États membres, représentant au moins 65 % de la population de l'UE L'abstention compte comme un vote négatif	Procédure de principe (Adoption de 80 % des actes législatifs de l'UE) • Procédure législative ordinaire, procédure de « codécision » avec le Parlement européen • Proposition de la Commission ou du Haut représentant de l'Union pour les affaires étrangères et la politique de sécurité	Logique de l'intégration
Majorité qualifiée renforcée	Vote favorable de 72 % des États membres, soit 20/27 États membres, représentant au moins 65 % de la population de l'UE L'abstention compte comme un vote négatif	Procédure expressément prévue dans les traités Proposition n'émanant pas de la Commission ou du Haut représentant de l'Union pour les affaires étrangères et la politique de sécurité	Logique de l'intégration
Unanimité	Vote favorable de l'ensemble des États membres L'abstention ne fait pas obstacle à l'adoption de la décision	Procédure expressément prévue dans les traités • PESC • Adhésion à l'UE • Financement de l'UE • Citoyenneté • Harmonisation de législations en matière de justice et des affaires intérieures, en matière fiscale ou encore sociale	Coopération intergouvernementale (Domaines sensibles)
Consensus	Adoption sans vote	Procédure née de la pratique	Coopération intergouvernementale (Domaines sensibles)

Les **résultats des votes** du Conseil sont **systématiquement** rendus publics lorsque le **Conseil agit en tant que législateur**. Dans le **cas contraire**, les résultats et explications autour du vote **peuvent être rendus publics** si le Conseil adopte une **décision** à cet effet à **l'unanimité**.

LE CONSEIL DE L'UNION EUROPÉENNE

Réunion des **représentants des États membres au niveau ministériel** en dix **formations** différentes en fonction du sujet abordé (8 formations + 2)
SAUF
- Conseil des Affaires générales
- Conseil des Affaires étrangères
Art. 236 TFUE et 16§6 TUE

→ La composition ne change pas.

Organe de **coordination** au sein du fonctionnement de l'Union et des **différentes institutions**

Fonctions principales

- **Colégislateur** avec le Parlement européen (art. 16§1 TUE)
- **Coordonne** les politiques des États membres dans un grand nombre de domaines (art. 16§1 TUE et art. 165§4 TFUE)
- **Définit** et met en œuvre la PESC (art. 218 TFUE)
- **Adopte** le budget annuel de l'Union conjointement avec le Parlement européen (art. 310 TFUE)

2

LA COMMISSION

La Commission est à la fois le « **bras armé** » et l'institution la plus originale de l'Union européenne. On ne retrouve en effet aucune institution similaire dans d'autres organisations internationales. Parfois conspuée par une opinion publique qui la connaît assez peu, elle est régulièrement critiquée du fait de la « technocratie » qu'elle représenterait. Pourtant, d'un point de vue juridique, la Commission a **peu de pouvoir propre de décision**, sauf en matière de concurrence – qui, il est vrai, est un enjeu majeur en droit de l'Union européenne. En tout état de cause, la Commission est le **point d'équilibre** entre deux volontés opposées exprimées tour à tour par les fondateurs, les États membres et la société civile. D'une part, elle est le socle du **projet de fédéralisme européen**, en ce qu'elle dispose des attributs basiques d'un gouvernement : elle a l'initiative législative, est responsable devant le Parlement et est composée de manière à refléter les courants politiques majoritaires de l'Union. D'autre part et à l'inverse, elle reste le reflet de **l'interétatisme** qui caractérise l'organisation internationale que demeure l'Union européenne. Aussi est-elle soumise à la **volonté des États** membres qui nomment les commissaires, et n'applique pas de programme politique : à l'image d'une administration, elle doit poursuivre **l'intérêt général européen**.

A. LES ATTRIBUTIONS DE LA COMMISSION

En vertu de l'article 17 TUE, la Commission « promeut l'intérêt général de l'Union et prend les initiatives appropriées à cette fin ». Elle dispose pour ce **faire du monopole de l'initiative législative** dans les domaines définis par les traités. Comme l'indique le cardinal paragraphe 2 de l'article 17, « **[u]n acte législatif de l'Union ne peut être adopté que sur proposition de la Commission**, sauf dans les cas où les traités en disposent autrement ». D'autres missions sont prévues par ce même article 17 :

- Elle veille à l'application des traités et du droit dérivé, c'est-à-dire des mesures adoptées par les institutions de l'Union, et par les États membres. Autrement dit, elle est chargée de surveiller la bonne application du droit de l'Union et peut avertir, voire sanctionner, un État en situation de violation du droit de l'Union. Par exemple, elle dispose d'un large pouvoir d'instruction en matière de concurrence.
- Elle exécute le budget et « exerce des fonctions de coordination, d'exécution et de gestion » ; autrement dit, elle remplit la fonction **exécutive** de l'Union.
- Elle assure une mission de prévision de l'action de l'Union, en disposant du pouvoir de prendre l'initiative de la programmation annuelle et pluriannuelle en matière d'accords institutionnels.
- Elle assure également une mission de représentation extérieure de l'Union en négociant les accords extérieurs, à l'exception notable de toutes les questions relevant de la politique étrangère et de sécurité extérieure.

B. LA COMPOSITION DE LA COMMISSION

1° Le débat sur le nombre de commissaires

Avant l'adoption du traité de Nice en 2001, chaque État pouvait « disposer » d'un commissaire de sa nationalité, à l'exception des cinq plus grands États en termes démographiques (Allemagne, Espagne, France, Italie, Royaume-Uni) qui pouvaient avoir deux représentants. Cela posait cependant deux problèmes. D'une part, les commissaires ne « représentent » nullement leur État d'origine mais sont au service de l'intérêt général européen, de sorte qu'il paraissait de moins en moins logique qu'un critère de représentativité démographique soit appliqué à la Commission. D'autre part, en vue des élargissements, il a paru nécessaire voire indispensable de limiter le nombre de commissaires pour que la Commission continue à travailler efficacement. La réforme, mise en œuvre en 2004, prévoit la présence d'un commissaire de la nationalité de chaque État – soit 27 en 2022.

En 2007, il est cependant décidé à Lisbonne que l'article 17 du TUE prévoirait deux paragraphes modifiant cet état du droit. Celui-ci, dans sa rédaction finale, prévoit notamment qu'à partir de 2014 – l'entrée de la Croatie dans l'Union étant prévue en 2013 – la Commission sera composée d'un nombre de membres correspondant à deux tiers du nombre total d'États membres, à moins que le Conseil européen ne vote à l'unanimité une modification de ce nombre. Cette modification aurait dû impliquer un système de rotation géographique égal entre États dotés d'un commissaire et États non dotés, conformément au nouvel article 244 du TFUE. Face aux nombreux débats que cette disposition suscitait, aucun État ne souhaitant être « dépossédé » d'un commissaire pourtant indépendant, le Conseil européen a finalement décidé à l'unanimité, en 2013 que la composition de la Commission, à partir du 1er novembre 2014, resterait la même jusqu'à l'adhésion du trentième État membre à l'Union. Malgré la survenance du Brexit qui éloigne cette perspective, des débats restent ouverts sur une nouvelle modification de cette composition.

2° La désignation des commissaires

Les modalités de nomination des membres de la Commission ont évolué au gré des traités. Dans le traité de Rome, ils étaient désignés d'un commun accord par les gouvernements des six États membres pour quatre années renouvelables. L'accélération du calendrier politique, le renforcement du rôle du Parlement et les élargissements successifs ont rendu cet état du droit inadapté. Le Parlement dispose aujourd'hui d'un pouvoir de double approbation, du président de la Commission d'une part, puis de la Commission dans son ensemble d'autre part.

La procédure prévue par l'article 17§7 du TUE se décompose en cinq temps :

1. Le Conseil européen, statuant à la majorité qualifiée, propose d'abord au Parlement un candidat à la fonction de président, en tenant compte des élections au Parlement européen et après avoir procédé à un certain nombre de consultations visant à garantir la légitimité de la personne pressentie.

2. Ce candidat est élu à la majorité simple par le Parlement. S'il ne recueille pas la majorité, le Conseil européen propose sous un mois, à la majorité qualifiée, un nouveau candidat reflétant la majorité au Parlement, selon la même procédure.

3. Le Conseil de l'Union, en lien avec le nouveau président, adopte la liste des autres personnalités qu'il propose de nommer membres de la Commission. Le choix se fait sur les bases de suggestions des États membres, en fonction des courants politiques représentés au Parlement européen et de la qualité des candidatures. Les députés européens évaluent alors individuellement les commissaires, par une audition formelle, sur la base de plusieurs critères : leur compétence, leur engagement européen, leur indépendance notamment. En même temps, le Haut représentant de l'Union pour les affaires étrangères, qui est toujours vice-président de la Commission, est nommé par le Conseil européen à la majorité qualifiée.

4. Le président de la Commission, le Haut représentant et les membres de la Commission sont ensuite soumis collégialement à un vote d'approbation du Parlement européen (vote d'investiture), précédé d'une audition publique des commissaires par les parlementaires. Ces auditions ne sont pas une simple formalité ; en 2004 et en 2009, par exemple, des candidats pourtant désignés par le Conseil de l'Union, ont finalement été écartés par le Parlement.

5. À la suite de cette approbation, la Commission est officiellement nommée par le Conseil européen, statuant à la majorité qualifiée.

3° Le statut des commissaires

La fonction de commissaire s'exerce en pleine indépendance et dans l'intérêt général de l'Union. Les membres de la Commission jouissent donc d'un statut protégé, qui interdit aux États de chercher à les influencer. Conformément à l'article 245 du TFUE, lors de leur installation, les commissaires prennent d'ailleurs l'engagement solennel, devant la Cour de justice de l'Union, de respecter « les obligations découlant de leur charge, notamment les devoirs d'honnêteté et de délicatesse quant à l'acceptation, après cette cessation, de certaines fonctions ou de certains avantages ». Une déclaration relative à leurs intérêts financiers et patrimoniaux est également déposée, conformément aux obligations déontologiques qui irriguent dorénavant les fonctions politiques. Les membres de la Commission ne peuvent pas, pendant la durée de leurs fonctions, exercer d'autre activité professionnelle – même à titre bénévole. En cas de violation de ces diverses obligations par un membre, la Cour de justice peut être saisie par le Conseil de l'Union (à la majorité simple) ou par la Commission elle-même, qui peut également prononcer la démission d'office du commissaire concerné ou la déchéance de son droit à pension ou d'autres avantages.

4° La fin des fonctions du commissaire

D'après l'article 17 du TUE, le mandat de la Commission est de cinq ans. C'est le traité de Maastricht qui l'a fait passer de 4 à 5 ans, pour le faire coïncider avec celui des parlementaires.

Le TUE ne fait néanmoins aucune mention d'un éventuel renouvellement des mandats ; les articles 246 et 247 du TFUE prévoient plusieurs raisons à la fin des fonctions du commissaire :
- le renouvellement régulier, une fois le mandat de la Commission achevé ;
- le décès ;
- la démission volontaire ;
- la démission d'office prévue par l'article 247 du TFUE, selon lequel « [t]out membre de la Commission, s'il ne remplit plus les conditions nécessaires à l'exercice de ses fonctions ou s'il a commis une faute grave, peut être déclaré démissionnaire par la Cour de justice, à la requête du Conseil, statuant à la majorité simple, ou de la Commission ».

En cas de décès ou de démission volontaire, le Conseil, statuant à l'unanimité et sur proposition du président de la Commission, peut décider qu'il n'y a pas lieu à remplacement, notamment lorsque la durée du mandat du membre de la Commission restant à courir est courte. Sinon, le commissaire est remplacé par un nouveau membre de la même nationalité jusqu'à la fin du mandat prévu. En revanche, en cas de démission volontaire de l'ensemble des membres de la Commission, ceux-ci restent en fonction et doivent continuer à expédier les affaires courantes jusqu'à ce qu'il soit pourvu à leur remplacement.

À ces quatre modalités de cessation de fonctions, il faut ajouter l'article 17§7 du TUE, qui prévoit la responsabilité de la Commission, en tant que collège, devant le Parlement européen. En effet, ce dernier peut adopter une motion de censure. Si elle est adoptée à la majorité des deux tiers des votes exprimés et que ces deux tiers rassemblent la majorité des eurodéputés, la Commission doit démissionner collectivement de ses fonctions. Cette procédure n'a jamais abouti dans l'histoire de l'Union, car la Commission est censée, politiquement, être une alliée du Parlement européen. Des démissions ont cependant été imposées de facto, à l'image de la Commission Santer de 1995.

L'affaire de la Commission Santer

En août 1998, la presse belge dénonce de nombreuses fraudes et irrégularités au sein de la Commission. Le Président Jacques Santer (Luxembourg) annonce une série de réformes. Après des mois de « grand déballage » dans la presse, en janvier 1999, une motion de censure est néanmoins déposée mais rejetée par le Parlement européen. Un comité d'experts indépendants est alors chargé de déterminer qui devait être tenu pour responsable des fraudes en question : s'agissait-il de la Commission, ou de certains commissaires pris individuellement ? Le rapport remis le 15 mars 1999 a mis en lumière un double dysfonctionnement de l'institution et de certains de ses membres, dont Édith Cresson, ancienne Première ministre française. Le lendemain, la Commission démissionnait collectivement.

C. LE FONCTIONNEMENT DE LA COMMISSION

Le fonctionnement de la Commission doit toujours être marqué par son indépendance vis-à-vis des États membres. C'est la raison pour laquelle elle fixe elle-même ses règles de fonctionnement par un règlement intérieur. Toutefois, certaines règles sont établies par les traités européens.

1° La présidence

Le président de la Commission – actuellement, la présidente Ursula von der Leyen – a un rôle particulièrement important dans les rouages de l'Union, depuis la composition de « sa » Commission jusqu'à la fin de son mandat. Depuis la présidence de Jacques Delors de 1985 à 1995 et les réformes qui l'ont encadrée, son influence est telle qu'on évoque dorénavant les commissions successives en utilisant le nom de leur président ; ainsi, la « Commission Santer » ou la « Commission von der Leyen ».

L'article 248 du TFUE prévoit en effet que les responsabilités incombant à la Commission sont « structurées et réparties entre ses membres « par le président », qui peut « remanier la répartition de ces responsabilités en cours de mandat ». De plus, les membres de la Commission « exercent les fonctions qui leur sont dévolues par le président sous l'autorité de celui-ci ». Outre ce pouvoir hiérarchique sur les commissaires, il définit les orientations de la Commission et décide seul de son organisation interne comme la nomination des vice-présidents (excepté le Haut représentant) ou l'attribution des thèmes aux commissaires (leur « portefeuille »). Il peut même décider de leur démission – qui est alors étrangement considérée comme volontaire –, conformément à l'article 17§6 du TUE (« [u]n membre de la Commission présente sa démission si le président le lui demande »). Pour autant, il ne dispose pas du pouvoir d'arbitrer entre deux commissaires lorsque ceux-ci sont en désaccord – contrairement à un chef de gouvernement – et subit, depuis le traité de Lisbonne, plusieurs concurrences. En termes de représentation, le président de la Commission subit la concurrence directe et permanente du président du Conseil européen ; s'agissant de la politique extérieure de sécurité commune, celle de son vice-président qui est Haut représentant de l'Union aux affaires étrangères.

Les présidents de la Commission depuis 1985

Nom	Nationalité	Mandat(s)
Jacques DELORS	France	1985-1995
Jacques SANTER	Luxembourg	1995-1999
Romano PRODI	Italie	1999-2004
José Manuel BARROSO	Portugal	2004-2014
Jean-Claude JUNCKER	Luxembourg	2014-2019
Ursula VON DER LEYEN	Allemagne	2019-2024

2° La collégialité

Malgré un présidentialisme important au sein de la Commission et la division du travail et des secteurs en « portefeuilles » attribués à chaque commissaire, l'article 250 du TFUE prévoit que « [l]es délibérations de la Commission sont acquises à la majorité des membres », avec un quorum fixé par son règlement intérieur. En pratique, la Commission se réunit chaque mercredi à Bruxelles, mais peut se réunir plus fréquemment – et ailleurs – si besoin ; elle statue le plus souvent par consensus (absence d'opposition) et ne procède à un vote que dans l'hypothèse d'opposition persistante. Malgré ses nombreux pouvoirs, en cas de vote, le président n'a pas de voix prédominante – même lorsque la Commission est composée d'un nombre pair de membres. Le corollaire de ce fonctionnement collégial est que les commissaires sont collectivement responsables des décisions prises.

L'étendue des missions attribuées à la Commission rend cependant impossible une application stricte du principe de collégialité. La procédure a donc fait l'objet d'aménagements pratiques. La Commission peut ainsi habiliter un ou plusieurs de ses membres à prendre des mesures de gestion ou d'administration courante en son nom. Surtout, les décisions par procédure écrite se sont multipliées. Sur proposition d'un ou de plusieurs commissaires, une décision peut en effet être soumise à l'approbation écrite. Dans ce cas, tous les membres de la Commission la reçoivent et sont invités à formuler leurs remarques ; elle est réputée adoptée si aucune réserve ni aucun amendement n'est formulé. Les commissaires peuvent toutefois s'opposer à la procédure écrite et réclamer un débat.

LA COMMISSION OU L'INCARNATION DE L'INTÉRÊT GÉNÉRAL DE L'UNION

Attributions
Art. 17 § 2 TUE

- Initiative des actes législatifs
- Surveillance de l'application du droit de l'Union
- Exécution du budget
- Représentation de l'Union sur la scène internationale

Composition
Art. 17 § 7 TUE

- 1 commissaire par État (jusqu'à l'adhésion du 30e État membre)
- 5 étapes de nomination
- 27 commissaires indépendants
- 5 cas de fins de fonctions (fin du mandat, décès, démission volontaire, démission d'office (art. 247 TFUE), motion de censure du Parlement)

Fonctionnement
Art. 247 à 250 TFUE

- Rôle important de la présidence mais pas de pouvoir d'arbitrer entre les commissaires
- Collégialité : chaque membre a un « portefeuille » et les décisions sont prises prioritairement par consensus.
- De plus en plus de décisions par procédure écrite, plus simple et rapide sauf opposition

3 LE PARLEMENT

Initialement intitulée « Assemblée parlementaire », l'institution que nous connaissons aujourd'hui s'est autoproclamée « Parlement » en mars 1962. Cette appellation sera officialisée par l'Acte unique de 1986. Elle traduit un profond changement institutionnel depuis l'origine de la CECA : alors qu'il s'agissait à l'origine d'un organe proche de l'Assemblée parlementaire du Conseil de l'Europe, composée de délégués des parlements nationaux, le Parlement est devenu un espace de représentation propre des citoyens européens, appelés à y désigner démocratiquement leurs représentants. C'est d'ailleurs la mission du Parlement que de représenter ces citoyens, selon un modèle d'élection au suffrage universel direct unique dans la galaxie des organisations internationales.

Malgré cette légitimité démocratique indéniable, ses compétences sont très inférieures à celles exercées par les assemblées parlementaires nationales. Le Parlement européen ne vote pas l'impôt, et, surtout, ne dispose pas de l'initiative des lois. Il est seulement colégislateur avec le Conseil de l'Union et n'est que faiblement associé à la PESC.

A. ATTRIBUTIONS DU PARLEMENT

La principale compétence du Parlement est partagée avec le Conseil : il s'agit de la codécision. L'article 14 du TUE prévoit en effet qu'il « exerce, conjointement avec le Conseil, les fonctions législative et budgétaire ». D'autres pouvoirs du Parlement, évoqués précédemment, sont particulièrement notables :

- l'élection du président de la Commission, sur proposition du Conseil européen, puis l'approbation de la désignation des commissaires ;
- la capacité d'obliger la Commission à démissionner, par le vote d'une motion de censure – aucune n'a jamais été adoptée à ce jour ;
- le pouvoir de contrôle et d'information sur l'activité de la Commission et du Conseil, par des questions écrites ou orales et la production de rapports ;
- la capacité de saisir la Cour de justice de l'Union pour exercer divers recours (en carence contre une institution de l'Union ; en annulation contre un acte législatif de l'Union) ou une demande d'avis préalable lorsqu'est envisagée la signature d'un accord international.

B. COMPOSITION DU PARLEMENT

Avant le traité de Lisbonne, les députés européens étaient qualifiés de « représentants des peuples des États réunis dans la Communauté ». L'article 14§2 du TUE, qui prévoit aujourd'hui que le Parlement « est composé de représentants des citoyens de l'Union » n'est pas une simple amélioration sémantique : les membres du Parlement ne représentent ni leurs États membres, ni leurs partis politiques, ni les collectivités territoriales dont ils ressortent, mais bien les « citoyens » qui composent l'Union. La qualité de membre du Parlement est, dans un objectif de lutte contre le cumul des mandats et d'indépendance, incompatible avec celles de membre du gouvernement d'un État, de membre d'une institution, d'un organe ou d'un organisme de l'Union et, depuis 2004 et sauf pour l'Irlande qui a obtenu une dérogation à ce sujet, de membre de parlement national. Les États membres fixent, de leur côté, les incompatibilités entre le mandat de parlementaire européen et les autres mandats nationaux (ex. : maire).

1° La désignation des députés

La recherche d'une procédure idéale a été longue. À l'origine, l'Assemblée parlementaire était formée de délégués désignés par les parlements nationaux, selon des procédures fixées par chacun de ces derniers. Les élections européennes se sont déroulées, dans un premier temps, selon des modalités divergentes. Certains États avaient ainsi opté pour un scrutin proportionnel au niveau régional (cas de la Belgique ou du Royaume-Uni) ou national (cas de l'Autriche, de l'Espagne ou encore de la France) ; d'autres, comme l'Allemagne, avaient choisi un système mixte. En 1976, il est décidé que les élections auront dorénavant lieu au suffrage universel direct. La première élection au suffrage universel direct, en 1979, ne règle pas tous les problèmes, dans la mesure où les procédures électorales demeurent très variables d'un État à l'autre. L'Acte unique de 1986 a permis d'adopter des règles minimales communes : le principe du vote unique est adopté, ainsi que celui d'une élection pendant une même période dans tous les États membres, commençant le jeudi matin et s'achevant le dimanche suivant. En 2002, des principes communs à tous les États membres ont enfin été adoptés par le Parlement après vote à l'unanimité du Conseil. Ils sont applicables depuis 2004 et comprennent deux catégories de conditions de vote :

- **Des conditions obligatoires :** le vote se fait au scrutin de liste ou de vote unique transférable, de type proportionnel, au suffrage universel, libre et secret.

- **Des conditions facultatives :** le scrutin peut être préférentiel (avec choix des candidats parmi les listes) ; les États peuvent fixer un seuil minimum de suffrages exprimés (au-delà de 5 %, qui est le seuil obligatoire) ; ou encore fixer un plafond pour les dépenses des candidats.

Une procédure uniforme pourrait voir le jour, par l'effet de l'article 223 TFUE selon lequel le Parlement « élabore un projet en vue d'établir les dispositions nécessaires pour permettre l'élection de ses membres au suffrage universel direct selon une procédure uniforme dans tous les États membres » ; cependant, une alternative (« ou conformément à des principes communs à tous les États membres ») est également prévue. Des idées, comme celle de listes transnationales impliquant des candidats provenant par exemple de pays transfrontaliers et non seulement par État, restent discutées.

Par ailleurs, depuis le traité de Maastricht de 1992 et la consécration de la citoyenneté européenne, les ressortissants des États membres résidant dans un autre État membre peuvent voter dans leur pays de résidence et être élus au Parlement européen. En 2002, le Conseil, statuant à l'unanimité après avis conforme du Parlement, a adopté une décision en vue de permettre l'élection des représentants au Parlement européen au SUD conformément à des principes communs à tous les États membres. Mais là encore il ne s'agissait pas d'une **procédure uniforme**. À partir de ce moment-là, les membres du Parlement européen seront élus.

Les 8 élections au Parlement européen

	1979	1984	1989	1994	1999	2004	2009	2014	2019
Nombre d'États membres	CE 9	CE 10	CE 12	UE 12	UE 15	UE 25	UE 27	UE 28	UE 28/27
Participation (%)	61,99	58,98	58,41	56,67	49,51	45,47	43	43,09	50,12

2° Nombre de députés

Le nombre de députés n'a de cesse de croître avec les adhésions, jusqu'à un palier en 2009. Le traité de Nice, entré en vigueur en 2001, fixe le nombre maximal de députés à 732. Cependant, l'intégration de la Bulgarie et de la Roumanie et l'impossibilité de réduire le nombre de députés en cours de mandat ont conduit à une augmentation provisoire à 785 membres entre 2007 et le terme de la législature en cours, en 2009.

Le traité de Lisbonne met un terme à l'incertitude en procédant à une révision d'ensemble de la représentativité de chaque État membre – ou plus précisément de leurs citoyens – au sein du Parlement. L'article 14 du TUE consacre un nombre de **750 membres** auxquels s'ajoute le président du Parlement. La répartition des sièges par État se fait à la **proportionnalité dégressive**, c'est-à-dire la règle selon laquelle le nombre de citoyens représentés par chaque député peut être différent, selon la population de l'État d'élection. Autrement dit, plus un État est peuplé, plus le nombre de citoyens représentés par député élu est important. Ce système conduit à une surreprésentation des « petits » États, et une sous-représentation des plus peuplés, mais permet en contrepartie aux partis politiques des États les moins peuplés d'être représentés au Parlement européen, et ainsi une meilleure légitimité démocratique et politique du Parlement. Les règles actuelles prévoient qu'aucun État membre ne peut avoir plus de 96 députés (cas de l'Allemagne), ni moins de 6 (cas de Malte, Chypre ou Luxembourg). Le retrait du Royaume-Uni a mené à une nouvelle répartition à partir de 2020, et à un nombre actuel de 705 membres du Parlement – soit moins que le Parlement français au complet.

État	Sièges	Sièges après Brexit
Allemagne	96	96
France	74	79
Italie	73	76
Royaume-Uni	73	0
Espagne	54	59
Pologne	51	52
Roumanie	32	33
Pays-Bas	26	29
Belgique	21	21
Grèce	21	21
Hongrie	21	21
Portugal	21	21
Tchéquie	21	21
Suède	20	21
Autriche	18	19
Bulgarie	17	17
Danemark	13	14
Finlande	13	14
Slovaquie	13	14
Irlande	11	13
Croatie	11	12
Lituanie	11	11
Lettonie	8	8
Slovénie	8	8
Estonie	6	7
Chypre	6	6
Luxembourg	6	6
Malte	6	6

C. FONCTIONNEMENT DU PARLEMENT

Le siège du Parlement est fixé à Strasbourg. Il se réunit au rythme de douze sessions plénières par an, d'une durée d'une semaine par mois hors sessions extraordinaires. Certaines réunions peuvent cependant avoir lieu à Bruxelles ; plusieurs députés européens souhaitent d'ailleurs que toutes les réunions aient lieu à Bruxelles, pour faciliter les échanges avec la Commission et le Conseil des ministres. Le Parlement arrête librement son règlement intérieur à chaque nouvelle législature ; plusieurs organes et groupes restent identiques d'une législature à l'autre.

1° Les organes de direction

▸ La présidence du Parlement

Le président du Parlement est élu parmi ses membres pour un mandat de 2 ans et demi, soit une demi-législature. Assisté de quatorze vice-présidents également élus pour la même durée, il :

- dirige l'ensemble des activités du Parlement et de ses organes ;
- préside les débats menés en séance plénière ;
- statue sur la recevabilité des amendements, sur les questions adressées au Conseil et à la Commission ;
- dispose de la police générale des séances en levant et suspendant les séances, maintenant l'ordre, donnant la parole, déclarant les résultats des votes, etc. ;
- représente le Parlement dans tous les actes officiels.

Outre ces missions, il peut être invité à être entendu par le Conseil européen. Le président occupe une place à part dans les débats : il n'intervient oralement que pour présenter l'état des discussions et les recentrer, le cas échéant. S'il souhaite participer aux débats, il est tenu de quitter son fauteuil et de ne le reprendre qu'au terme de la discussion.

▸ Le bureau du Parlement

Le bureau, élu parmi les membres du Parlement pour un mandat de 2 ans et demi, est composé du président, des quatorze vice-présidents et de cinq questeurs. Il administre les questions financières et d'organisation générale des séances – y compris les sanctions disciplinaires, lorsque des violations du règlement sont commises par des membres.

▸ La conférence des présidents

La conférence des présidents, comme à l'Assemblée nationale française, est composée du président du Parlement et des présidents de chaque groupe politique. Elle statue sur l'organisation des travaux du Parlement et sur les questions afférentes à la programmation législative, afin d'établir les ordres du jour des périodes des sessions parlementaires. La conférence est également compétente s'agissant des relations entre le Parlement et les autres institutions, organes et organismes de l'Union européenne et d'autres organisations internationales.

2° Les commissions parlementaires

À l'image d'une assemblée nationale, le Parlement est divisé en commissions qui peuvent être permanentes, spéciales ou d'enquête.

▸ Les commissions permanentes

Il existe 20 commissions permanentes thématiques, dont les membres sont élus lors de la première session du Parlement nouvellement élu puis au bout de deux ans et demi. Leur composition, qui oscille entre 25 et 71 députés, reflète autant que possible les dynamiques politiques de l'hémicycle. Chaque commission élit un président, un bureau composé de trois vice-présidents et d'un secrétariat : elles se réunissent une ou deux fois par mois à Bruxelles. Leurs débats sont publics et préparent les travaux des sessions plénières.

Les commissions élaborent, amendent et adoptent des rapports sur les propositions législatives émises par la Commission, ainsi que des rapports d'initiative.

Focus

Le 18 juin 2020, le Parlement a voté la création de trois commissions spéciales : sur la lutte contre le cancer, sur l'ingérence étrangère dans tous les processus démocratiques de l'UE, notamment la désinformation, et sur l'intelligence artificielle. La commission spéciale sur l'ingérence étrangère a eu en particulier pour mission d'analyser les enquêtes ayant démontré que des règles électorales essentielles avaient été violées ou contournées, et d'identifier les domaines nécessitant des actions législatives ou non législatives en ce qui concerne les plateformes de médias sociaux, de proposer une action coordonnée pour lutter contre les menaces hybrides et de contrer les campagnes de désinformation et de communication stratégique provenant de pays tiers malveillants qui visent l'Union. 548 députés avaient voté en faveur de la création de la commission spéciale, 83 contre et 56 s'étaient abstenus. Son rapport, remis le 8 février 2022, a conduit à l'adoption d'une résolution du Parlement du 9 mars 2022 préfigurant de plusieurs actions stratégiques et législatives à venir.

▸ Les commissions spéciales

Sur proposition de la Conférence des présidents, le Parlement peut à tout moment constituer des commissions spéciales dont les attributions, la composition (de 33 membres) et le mandat (de maximum douze mois) sont fixés au moment de leur constitution. Le Parlement y a recours lorsqu'il entend suivre un point particulier de l'actualité européenne ou internationale.

▸ Les commissions d'enquête

Une commission d'enquête peut être constituée, à tout moment, dans le cadre des compétences de contrôle du Parlement, sur demande d'un quart des députés d'après l'article 226 du TFUE. Selon la procédure prévue depuis 1995, elle examine pendant une année – avec possibilité de prolongations en vue de la remise d'un rapport – les allégations d'infraction au droit de l'Union ou de mauvaise administration de l'Union, à moins que les faits soient portés devant une juridiction.

3° Les groupes politiques

Dès la création de la CECA, les députés se sont regroupés dans l'hémicycle non par nationalité, mais par affinités politiques, constituant ainsi des groupes politiques transnationaux informels. Aujourd'hui, tout groupe politique, qui doit être composé d'un minimum de 25 députés élus dans au moins un quart des États membres, dispose de la maîtrise de son organisation interne et se dote d'un président, d'un bureau et d'un secrétariat.

Un député ne peut appartenir qu'à un seul groupe politique, mais il est possible de n'appartenir à aucun groupe – les députés concernés figurent alors parmi les « non-inscrits ».

Actuellement le Parlement est composé de 7 groupes politiques et 29 députés figurent parmi les non-inscrits.

LE PARLEMENT OU L'INCARNATION DE L'INTÉRÊT DES CITOYENS DE L'UNION

Attributions
Art. 14 TUE

- **Codécision** avec le Conseil de l'Union
- Élection du président de la Commission et approbation des commissaires
- Censure et contrôle de la commission
- Saisine de la CJUE

Composition
Art. 14 TUE

- Principe d'**indépendance** : les députés européens représentent les citoyens de l'Union
- Pas de procédure électorale uniforme
- 751 membres dont le président (depuis 2020 et le Brexit : 705 membres)
- Chaque État peut avoir au maximum 96 députés (Allemagne) et au minimum 6 (Chypre, Malte, etc.).

Fonctionnement

- 1 président
- 1 bureau avec le président, 14 vice-présidents et 5 questeurs
- 1 conférence des présidents avec les chefs de groupes politiques
- Des commissions (20 permanentes / spéciales / d'enquête)

des groupes politiques

4 LA COUR DE JUSTICE DE L'UNION EUROPÉENNE

L'expression « Cour de justice de l'Union européenne » est trompeuse, celle-ci désignant non une juridiction mais un **ensemble de juridictions**. Depuis l'entrée en vigueur du traité de Lisbonne et jusqu'en 2016, il en existait trois : la Cour de justice (remplaçant l'ancienne Cour de justice des communautés européennes ou CJCE), le Tribunal (autrefois Tribunal de première instance) et le Tribunal de la fonction publique de l'Union européenne (TFPUE). Ce dernier a été dissous en 2016 et ses compétences transférées au Tribunal. Il n'est toutefois pas exclu que d'autres tribunaux soient un jour créés, car l'article 19 TUE, qui établit les grands principes en matière de juridictions européennes, précise en son paragraphe 1er que la Cour de justice de l'Union européenne peut comprendre « des tribunaux spécialisés » dont relevait le TFPUE. Pour l'instant, il n'y a en a donc plus que deux : la **Cour de justice** et le **Tribunal**.

A. LA COUR DE JUSTICE

La Cour de justice comporte **27 juges** (un par État) et **11 avocats généraux** (en pratique : un pour l'Allemagne, l'Espagne, la France, l'Italie et la Pologne ; 6 à répartir entre les autres États membres). Tous sont nommés par les États membres selon des procédures laissées à leur discrétion, pour un mandat renouvelable de six ans. Les membres, juges comme avocats généraux, sont renouvelés par moitié tous les trois ans. Pour répondre aux critiques relatives au manque de transparence et d'unité dans la désignation des juges par les États, le traité de Lisbonne a institué un « **Comité 255** », nommé comme tel du fait de la procédure décrite aux articles 253, 254 et 255 TFUE. Depuis fin 2009, ce comité indépendant regroupant sept personnalités – anciens juges européens, juges des cours suprêmes nationales notamment – nommées par le Conseil pour quatre ans auditionne chaque candidat à la fonction de juge à la Cour de justice. Ses travaux sont secrets mais ses avis, non contraignants, publics. En pratique, les juges à la Cour de justice sont souvent d'anciens juges suprêmes ou des universitaires reconnus dans leur pays.

La Cour est présidée par l'un de ses membres, désigné à la majorité absolue de ses pairs pour trois ans. Ses fonctions, essentiellement administratives, même s'il peut prendre des ordonnances aux effets importants (par exemple en matière de mesures provisoires), sont telles qu'une révision du Statut de la Cour de justice, en 2012, a créé une fonction de vice-président de la Cour pour l'assister. La Cour de justice elle-même est divisée en huit chambres comprenant entre 3 et 5 juges, dont un président nommé pour trois ans (pour les chambres à 5 juges) ou un an (chambres à 3 juges). Les chambres à 3 juges sont chargées des affaires les plus simples tandis que la plupart des dossiers sont traités en chambre à 5 juges. Une **grande chambre** de 15 juges, dont le président, peut être réunie lorsqu'un État ou un organe de l'Union partie à un litige le requiert. Enfin, l'Assemblée plénière, réunissant au moins 15 juges, peut à titre exceptionnel être réunie – à condition que le nombre de juges demeure impair, sans quoi le plus jeune des juges devra se déporter.

La Cour de justice bénéficie d'une **compétence générale**, c'est-à-dire qu'elle est compétente dans tous les cas où les textes ne confient pas le contentieux visé à une autre juridiction, c'est-à-dire au Tribunal, depuis la disparition du TFPUE. On mentionnera les renvois préjudiciels, les recours en manquement ou encore les pourvois contre les arrêts du Tribunal ; pour plus d'informations, nous renvoyons à la *Lexifiche* portant spécifiquement sur le contentieux européen.

B. LE TRIBUNAL

Face à l'engorgement de la Cour de justice des communautés européennes (CJCE), les États membres ont décidé, par une décision du Conseil du 24 octobre 1988, de créer un « Tribunal de première instance » devenu plus sobrement « Tribunal » avec le TUE. Le nombre de juges du Tribunal a varié depuis sa création et est fixé à deux par État membre depuis 2019, soit **54 juges** actuellement, en respectant la parité. Ils sont nommés pour un mandat renouvelable de six ans selon une procédure identique à celle présidant à la nomination des juges de la Cour de justice. En revanche, **il n'existe pas d'avocats généraux** au Tribunal. Dans les cas les plus complexes ou en cas de jugement en formation plénière, le président du Tribunal peut désigner un juge qui fera office d'avocat général.

Le Tribunal est présidé par un président désigné dans les mêmes conditions que celui de la Cour de justice. Il est divisé en dix chambres de 3, 5 ou 6 juges. Depuis fin 2019 et contrairement au fonctionnement de la Cour de justice, les chambres du Tribunal sont **spécialisées** s'agissant de deux types d'affaires : six chambres sont chargées des contentieux liés à la propriété intellectuelle et quatre à ceux relevant de la fonction publique de l'Union, autrefois confiés au TFPUE. Les autres affaires sont réparties à tour de rôle dans les chambres. Le Tribunal peut siéger en formation plénière, dont la composition est différente de celle de la Cour de justice puisqu'elle réunit seulement le président du Tribunal et les dix présidents de chambres (soit 11 juges), ou, de manière rarissime, en grande chambre de 15 juges. Enfin, des formations en juge unique sont possibles – mais peu exploitées.

À mesure que le rôle de la Cour a augmenté, le Tribunal a bénéficié de nouvelles **compétences d'attribution**. Il dispose aujourd'hui d'un éventail de compétences matériellement plus large que celui de la Cour, parmi lesquelles les recours en annulation et en carence introduits par les personnes privées et morales contre les institutions de l'Union et introduits par les États contre la Commission ou contre le Conseil dans certains cas.

LA CJUE

La Cour de justice

- 27 juges élus pour 6 ans :
  - Assemblée plénière (15 juges au moins)
  - Grande chambre (15 juges)
  - Huit chambres (de 3 à 5 juges)
- **Compétence générale** en droit de l'UE

Le Tribunal (1988)

- 54 juges élus pour 6 ans :
  - 10 chambres de 3, 5 ou 6 juges
  - Assemblée plénière (11 juges)
  - Grande chambre (15 juges)
- **Compétences d'attribution** par les textes européens
- Pourvoi possible devant la Cour de justice

5

LA COUR DES COMPTES

Si la Cour des comptes figure dans la liste des sept institutions de l'article 13 TUE, il y est aussi indiqué que les dispositions détaillées relatives à son fonctionnement ne figureront que dans le TFUE, à l'image de la Banque centrale européenne, ce qui en fait sans doute une « institution » de second rang, exclue du schéma institutionnel traditionnel. Créée par le traité de Bruxelles du 1er juin 1977, elle incarne pourtant le **premier organe communautaire**. Ses prérogatives au sein des institutions de l'Union n'ont fait qu'augmenter. Depuis le traité de Maastricht (1er novembre 1993), elle a accès au recours en carence et depuis le traité d'Amsterdam (1er mai 1999), la Cour peut intenter un recours en annulation tendant à la sauvegarde de ses prérogatives (voir *Lexifiche Contentieux de l'Union européenne*).

A. ATTRIBUTIONS

La Cour des comptes a pour **principale mission** de **contribuer à l'amélioration de la gestion financière de l'Union**. Pour cela, elle œuvre au renforcement de l'obligation de rendre compte et à encourager la transparence et joue le rôle de **gardienne indépendante des intérêts financiers des citoyens de l'Union**. Elle « assure le contrôle des comptes de l'Union » et de tout organisme créé par celle-ci (art. 285 TFUE). Son nom est trompeur car elle n'a **aucun caractère juridictionnel**.

B. COMPOSITION

La Cour est composée de vingt-sept membres, **un de la nationalité de chacun des États membres de l'UE** « ayant appartenu dans leur État respectif aux institutions de contrôle externe ou possédant une qualification particulière pour cette fonction », nommés pour un mandat de six ans par le Conseil de l'Union statuant à l'unanimité après consultation du Parlement européen (art. 286 § 2 TFUE).

Le président de la Cour des comptes est désigné par les membres de celle-ci pour un mandat renouvelable de trois ans. Il exerce les tâches traditionnelles de convocation, de présidence des réunions, de direction des services administratifs et est responsable de l'exécution des décisions. Il n'a cependant aucune compétence individuelle particulière, le **principe du fonctionnement collégial** guide l'ensemble des travaux de la Cour.

C. FONCTIONNEMENT

En tant qu'« auditeur externe et indépendant » de l'Union, la Cour des comptes **vérifie** si le **budget de l'Union européenne** a été **exécuté correctement** et si les fonds de l'UE ont été perçus et dépensés légalement et conformément aux **principes de bonne gestion financière** (art. 287 § 2 TFUE). Les autres institutions de l'Union peuvent et doivent parfois la consulter.

1° Mission de contrôle des comptes

- La Cour présente chaque année au Parlement européen **un rapport sur l'exercice financier** de l'année écoulée, publié au *Journal officiel*. C'est sur cette base que le Parlement approuve ou non la gestion du budget par la Commission européenne. Elle peut également présenter des **rapports spécifiques** non publiés au *Journal officiel* sur certains organismes. À tout moment, de sa propre initiative, ou sur la demande d'une autre institution, la Cour peut présenter ses **observations sur une question particulière**, notamment sous forme de « rapport spécial » (art. 319 § 1 TFUE).
- Les institutions de l'Union ont **l'obligation de l'informer** de tout acte en matière de virement, report, fonds de concours, etc. (art. 287 § 3 TFUE).
- Elle s'assure de la fiabilité des comptes, de la légalité et de la régularité des recettes et des dépenses et de la bonne gestion financière grâce à un éventail de **réels moyens d'investigation** (art. 287 § 2 TFUE). Le contrôle peut s'effectuer sur place auprès des institutions de l'Union, de ses organismes ou dans les États membres bénéficiant d'une aide de l'UE. La Cour ne dispose toutefois **pas de pouvoir de sanction**.

2° Mission consultative

Le Parlement européen et le Conseil de l'Union doivent **obligatoirement la consulter** (art. 322 § 1 TFUE) quand ils arrêtent les **règlements financiers** spécifiant notamment les modalités relatives à l'établissement et à l'exécution du budget ainsi qu'à la reddition et à la vérification des comptes, ou encore lorsqu'ils déterminent les règles qui organisent le contrôle de la responsabilité des contrôleurs financiers, ordonnateurs et comptables. La **procédure législative en matière de lutte contre la fraude** affectant les intérêts financiers de l'Union prévoit également une consultation obligatoire de la Cour (art. 325 § 4 TFUE).

Le Conseil doit consulter la Cour des comptes quand il fixe les **modalités et la procédure** selon lesquelles les recettes budgétaires prévues dans le **régime des ressources propres de l'Union** sont mises à la disposition de la Commission et lorsqu'il définit les mesures à appliquer pour faire face, le cas échéant, aux **besoins de trésorerie** (art. 322 § 2 TFUE).

MISSIONS DE LA COUR DES COMPTES

COUR DES COMPTES
Président nommé par le Conseil de l'UE

27 membres représentant les nationalités des États membres de l'Union (27 en 2022)

Contrôle des comptes

- **Présentation** au Parlement européen du **rapport annuel** sur l'exercice financier Art. 319§1 TFUE
- **Réception d'informations** sur les actes en matière de virements, reports, fonds, etc. des **institutions de l'UE** Art. 287§3 TFUE
- **Investigations** sur la fiabilité des comptes, la légalité et la régularité des recettes et dépenses dans l'UE **Pas de pouvoir de sanction** Art. 287§2 TFUE

Consultation obligatoire

- **Adoption des règlements financiers** par le Conseil de l'UE et le Parlement européen Art. 322§1 TFUE
- **Procédure législative** en matière de **lutte contre la fraude** Art. 325§4 TFUE
- Fixation des modalités et de la **procédure dans le régime des ressources propres** de l'UE et la définition des **besoins de trésorerie** par le Conseil de l'UE Art. 322§2 TFUE

6 LA BANQUE CENTRALE EUROPÉENNE

La Banque centrale européenne (BCE) compte, depuis le traité de Lisbonne, parmi les institutions de l'Union au titre de l'article 13 TUE. Elle est donc dotée d'une **personnalité juridique** et se distingue des simples institutions ou organes de l'Union européenne.

En effet, même avant le traité de Lisbonne, la BCE occupait une place à part dans le schéma institutionnel de l'Union. **Organisme autonome**, elle est dotée d'un **pouvoir décisionnel et consultatif** et constitue un des **acteurs du contentieux de l'Union européenne**. Tout comme pour le Conseil européen, le traité de Lisbonne est venu promouvoir cette institution de l'Union encore assez méconnue et qui constitue pourtant un **véritable marqueur du processus d'intégration** poursuivi par l'Union européenne. Toutefois, elle ne fait l'objet que de dispositions au sein du TFUE et non du TUE, comme la Cour des comptes, ce qui l'exclut d'une certaine façon du schéma institutionnel traditionnel dressé lors de l'étude des institutions de l'UE.

Un peu d'histoire

La BCE a été instituée le 1er juin 1998. Elle succède avec le Système européen de banques centrales (SEBC) et l'Eurosystème à l'Institut monétaire européen (IME) qui assurait trois rôles durant la deuxième phase de l'Union économique et monétaire (voir encadré en page suivante).
L'Institut avait à sa charge l'examen des politiques monétaires et de change des États membres alors au nombre de 15. Et de façon plus large, il était consulté pour toutes questions monétaires. Enfin, il constituait un outil de promotion de l'Ecu et de supervision du Système monétaire européen. L'ensemble de ces rôles correspond aujourd'hui aux attributions de la BCE.

A. ATTRIBUTIONS

Comment considérer la BCE ? Elle a une **double nature organique**. Elle est à la fois une véritable banque et constitue un organe de la politique monétaire (art. 282 TFUE).

1° Une véritable banque

La BCE imprime la monnaie unique, l'euro. Elle est la **seule institution** habilitée à autoriser son **émission** et à la concevoir (art. 282 § 3 TFUE).

En tant que banque, elle est dotée d'un **capital**, qui avoisine 11 milliards d'euros (décembre 2021), et provient de l'ensemble des banques centrales nationales des **États membres de l'Union européenne** (États membres de la zone euro et non membres de la zone euro).

Cette dotation est calculée sur la base d'une clé reflétant la part de la population de chacun des États membres dans la population totale de l'Union et le produit intérieur brut de l'Union, données assorties d'une pondération identique dans le calcul. Ces parts sont ajustées tous les cinq ans par la BCE mais également à chaque fois que le nombre de banques centrales nationales contribuant au capital de la BCE varie (adhésion ou retrait d'un État membre). Ces ajustements se fondent sur des données fournies par la Commission européenne. Le dernier ajustement de son capital a eu lieu le 1er février 2020 à la suite du retrait du Royaume-Uni de l'Union européenne.

La **clé de répartition** a été **modifiée à huit reprises** depuis le début de la troisième phase de l'Union économique et monétaire :

- révision quinquennale les 1er janvier 2004, 2009, 2014 et 2019 ;

- lors des adhésions à l'UE : le 1er mai 2004 (République tchèque, Estonie, Chypre, Lettonie, Lituanie, Hongrie, Malte, Pologne, Slovénie, Slovaquie), le 1er janvier 2007 (Bulgarie et Roumanie), le 1er juillet 2014 (Croatie) ;

- lors de l'unique retrait de l'UE à ce jour : le 1er février 2020 (Royaume-Uni).

N. B. : Depuis avril 2016, les dirigeants de l'actuelle République tchèque utilisent le nom réduit de « Tchéquie ». Ce terme est d'ailleurs utilisé officiellement, depuis cette année 2016, par les Nations unies. Nous conserverons ici l'appellation dans sa version complète.

***Quid* de la répartition des banques centrales nationales entre les États membres de la zone euro et ceux qui n'en font pas partie ?**

Lorsque l'on s'intéresse à la BCE, on s'intéresse d'une certaine façon à l'euro. Cette monnaie voulue « monnaie unique de l'Union européenne » est la preuve la plus tangible de l'intégration européenne. Elle est aujourd'hui utilisée par un peu plus de 341 millions de personnes, ce qui en fait la deuxième monnaie la plus utilisée au monde. Cependant, tous les États membres de l'UE ne l'ont pas adoptée, d'autres ont demandé certains aménagements (à ce jour, uniquement le Danemark). Tous se trouvent par conséquent en dehors de la zone euro mais contribuent tout de même au capital de la BCE (8 milliards d'euros des 11 milliards d'euros du capital de la BCE proviennent des États non membres de la zone euro y compris le Danemark).

États membres de la zone euro 19/27 États de l'UE	États non membres de la zone euro 7/27 États de l'UE	État bénéficiant d'un aménagement particulier 1/27 État de l'UE
Allemagne, Autriche, Belgique, Chypre, Espagne, Estonie, Finlande, France, Grèce, Irlande, Italie, Lettonie, Lituanie, Luxembourg, Malte, Pays-Bas, Portugal, Slovaquie, Slovénie	Bulgarie, Croatie, Hongrie, Pologne, République tchèque, Roumanie, Suède	Danemark
Ces États sont membres de l'Union économique et monétaire. Leur monnaie est l'euro depuis leur adhésion à l'UE, adhésion, pour certains, postérieure à l'entrée en vigueur de l'euro le 1er janvier 2002.	Ces États ayant adhéré à l'UE à partir de 2004, rejoindront la zone euro (obligation lors de l'adhésion à l'UE) lorsqu'ils rempliront l'ensemble des « critères de convergence » fixés par le traité de Maastricht (1er novembre 1993). La Commission et la BCE approuvent la réunion des critères, publient un rapport qui sera ratifié par le Conseil de l'Union dans sa formation « ECOFIN » sur consultation du Parlement européen et des chefs des États membres, afin d'entamer le processus d'adhésion à la zone euro.	Il est laissé la possibilité aux États membres de l'UE de négocier leur participation à certaines politiques de l'UE. Dans le cas de la politique économique et monétaire, donc de l'euro, l'État ayant négocié une clause de retrait du traité de Maastricht instituant l'euro comme monnaie unique, conserve sa monnaie nationale.

L'Union économique et monétaire

L'objectif de mettre en place une véritable Union économique et monétaire (UEM) a toujours fait partie intégrante du processus d'intégration poursuivi par l'Union européenne et avant elle, les Communautés européennes. En effet, le rapprochement des économies des États membres constitue une des étapes clés de la mise en place du marché unique européen qui est réalisé par l'adoption d'une monnaie unique et une stabilité des prix entre les États membres. C'est lors du Sommet de Hanovre, le 28 juin 1988 que le Conseil européen décide de charger un Comité d'experts présidé par Jacques Delors président de la Commission, d'étudier et de proposer les différentes étapes de cette nouvelle forme d'union. À la suite des négociations, il a été décidé que l'UEM se réaliserait en trois phases durant lesquelles les États auraient pour objectif de mettre en place un certain nombre d'étapes en vue de la réalisation de l'UEM :

- Phase 1 à partir du 1er juillet 1990
- Phase 2 à partir du 1er janvier 1994
- Phase 3 à partir du 1er janvier 1999

2° Un organe de la politique monétaire européenne

La politique monétaire de l'Union européenne repose sur le Système européen des banques centrales (SEBC) qui comprend la BCE et les banques centrales nationales de tous les États membres de l'UE, États membres de la zone euro et non membres de la zone euro (art. 282 TFUE). La Banque centrale européenne est également au cœur de l'Eurosystème.

SEBC/EUROSYSTÈME/BCE

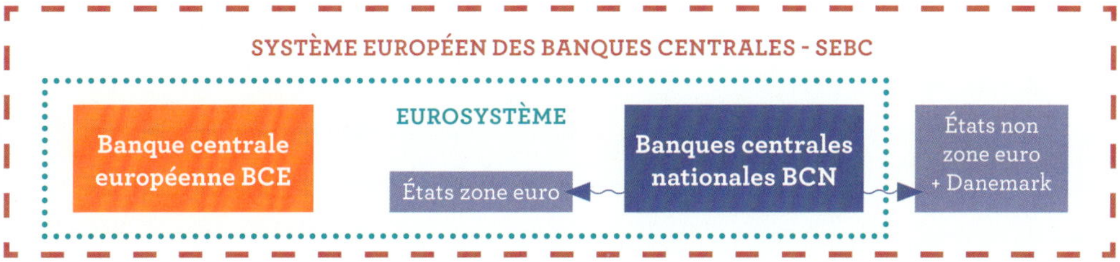

Dotée de la personnalité juridique, la BCE est **entièrement indépendante** des autres institutions et des gouvernements des États membres (art. 130 et 123 TFUE). Son indépendance se traduit également par le **libre choix des instruments** auxquels elle peut recourir : soit conventionnels (art. 18 et 19 des statuts de la BCE), soit par d'autres méthodes (art. 20 des statuts).

L'objectif premier de la BCE est de garantir une **stabilité des prix**. Sa principale mission est alors de faire en sorte que l'inflation reste faible, voire stable (autour de 2 % ; cible largement dépassée en 2022, l'inflation se situant au-dessus de 9 % et ne cessant de grimper), et qu'elle devienne prévisible (art. 127 § 1 TFUE). Elle est donc garante de la valeur de l'euro, de sa stabilité tant vis-à-vis de l'inflation (valeur interne) que des taux de change (valeur externe).

La BCE développe ainsi une **stratégie de politique monétaire**, réévaluée à intervalles réguliers, reposant sur un « **cadre analytique intégré** », soit le recours à deux types d'analyses : économique d'une part, et, monétaire et financière, d'autre part. Les principaux éléments de cette stratégie s'articulent autour de trois thématiques : arriver à consacrer une définition quantitative de la stabilité des prix, accroître l'importance du rôle donné à la surveillance de la croissance de la masse monétaire dans l'analyse des risques d'inflation et, enfin, permettre une appréciation des perspectives d'évolution des prix se fondant sur un grand nombre d'indicateurs. Depuis janvier 2020, elle examine également la façon dont des éléments tels que le changement climatique, la transition numérique, la mondialisation, la stabilité financière, et l'interaction entre les politiques budgétaires et monétaires peuvent être pris en compte dans le cadre de ses attributions.

Enfin, la BCE est **consultée** à plusieurs titres :
- dans le cadre des **révisions des traités constitutifs**, dès lors que l'on touche au domaine monétaire (art. 48 § 3 TUE) ;
- dans le cadre de **l'adoption de tout projet d'acte communautaire** touchant au **domaine monétaire**, et, dans une moindre mesure, pour tout projet de réglementation nationale identiquement situé. Elle peut également soumettre des avis aux autorités nationales comme européennes (art. 282 § 5 TFUE) ;
- dans le cadre de la **délibération du Conseil de l'UE** sur des questions relatives aux objectifs et aux missions du SEBC, le président du Directoire est invité à y participer (art. 284 § 2 TFUE) ;
- dans le cadre de la **politique internationale de l'UE**, le Conseil de l'UE peut conclure des accords portant sur un système de taux de change pour l'euro vis-à-vis des monnaies d'États tiers, soit sur recommandation de la BCE, soit sur recommandation de la Commission mais après consultation de la BCE (art. 219 § 1 TFUE). Sa consultation est en revanche **obligatoire** lors de la conclusion **d'accords** externes touchant au régime monétaire ou de change (art. 219 § 3 TFUE).

MISSIONS CONSULTATIVES

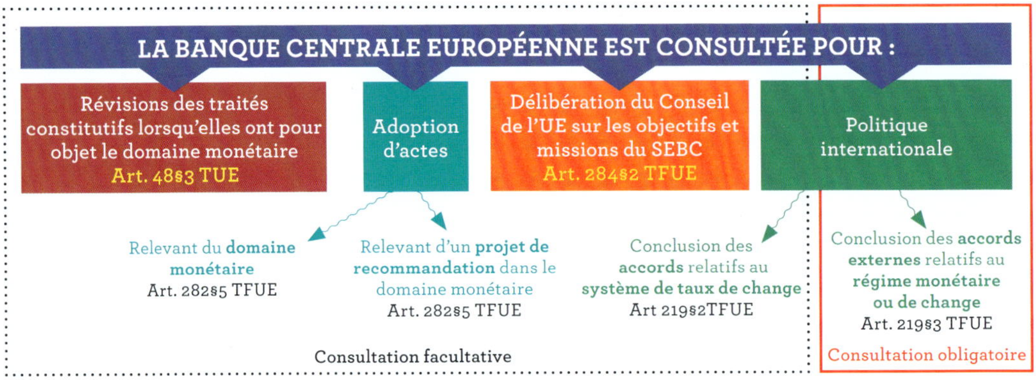

La Banque centrale européenne tient également une place au sein du **contentieux de l'UE** :

- dans le cadre du **recours en annulation** (art. 263 TFUE) :
• elle peut saisir le Tribunal dès lors que le recours a pour objet de « sauvegarder [ses] prérogatives » ;
• de façon plus spécifique, ses actes autres que les recommandations et avis peuvent faire l'objet d'un recours en annulation ;

- dans le cadre du **recours en carence** (art. 265 TFUE) :
• elle peut intenter ce type de recours dans le champ de ses compétences ;
• elle peut se voir intenter ce type de recours ;

- dans le cadre du **recours en manquement** (art. 271 d) TFUE) :
• lorsque ce type de recours est intenté à l'encontre des banques centrales nationales, le Conseil des gouverneurs de la BCE « dispose [...] des pouvoirs reconnus à la Commission par l'article 258 TFUE vis-à-vis des États membres » et prend donc part au recours ;

- dans le cadre de la **question préjudicielle** (art. 267 TFUE) :
la CJUE peut apprécier la validité de ses actes en tant qu'institution de l'UE.

B. COMPOSITION

La BCE comprend trois organes travaillant de concert afin de réaliser la politique monétaire européenne.

Directoire	Conseil des gouverneurs	Conseil général
Organe d'administration	**Organe de direction**	**Organe de regroupement**
Met en œuvre la politique monétaire européenne conformément aux orientations définies par le Conseil des gouverneurs. Il adresse des instructions aux banques centrales nationales (BCN).	Définit la politique monétaire européenne (taux directeurs, opérations de change, gestion des réserves de change, etc.)	Associe les États non membres de la zone euro et le Danemark au développement de la politique monétaire européenne afin de faciliter leur entrée dans le SEBC.
6 membres	**25 membres**	**29 membres**
Président + vice-président + 4 membres nommés par le Conseil européen sur recommandation du Conseil de l'UE et après consultation du Parlement et du Conseil des gouverneurs	Directoire + Gouverneurs des banques centrales nationales (BCN) des États de la zone euro (19 membres en 2022)	Président et vice-président du Directoire + Gouverneurs des BCN de tous les États membres de l'UE (27 membres en 2022)

C. FONCTIONNEMENT

1° La banque des banques du système

On le rappelle, la Banque centrale européenne a été créée en vue de gérer la politique monétaire de la zone euro (art. 282 TFUE). À ce titre, elle **est à la tête de l'Eurosystème**, regroupant celle-ci et les 19 banques centrales nationales des États membres de la zone euro (voir schéma p. 27). Étroitement associées à la gouvernance de la BCE, les 19 **banques centrales nationales constituent les relais de la politique de la BCE** dans chaque État membre de la zone euro.

2° Les outils de la BCE

Les possibilités d'action de la BCE pour atteindre son objectif de stabilité sont nombreuses.

▸ La fixation des taux d'intérêt

La BCE fixe les taux d'intérêt. Ses décisions vont donc avoir un impact direct sur la politique de crédit des établissements bancaires.

En cas de surchauffe de l'économie, la BCE augmente ces taux. Avec des taux élevés, les banques centrales nationales limitent les crédits et pratiquent des taux peu attractifs.

A contrario, en cas de panne de croissance, la BCE abaisse ces taux pour encourager les banques centrales nationales à accorder plus de crédits à des taux plus intéressants, ce qui favorise l'investissement.

▸ Le prêt

Si la BCE peut prêter aux banques centrales nationales, elle n'a, en théorie, pas le droit de prêter aux États membres de la zone euro. Cela reviendrait à faire marcher « la planche à billets » pour financer leurs déficits. Toutefois, face à la crise de la dette dans la zone euro dite « crise des dettes souveraines ou crise de la dette européenne » de 2010 à 2014, il est arrivé que la BCE accepte d'acheter de la dette publique sur le marché secondaire. Elle peut donc, à de très rares occasions et face à l'exceptionnelle gravité de la situation, détenir de la dette publique.

▸ Les rapports

Afin d'assurer sa crédibilité, la BCE a l'obligation d'établir et de publier (art. 284 TFUE) :

- chaque trimestre au moins, des rapports sur les activités du SEBC ;
- chaque semaine, une situation financière consolidée du SEBC ;
- toutes les six semaines, un bulletin économique présentant une analyse approfondie de la situation économique et des perspectives d'évolution des prix ;
- chaque année, un rapport sur les activités du SEBC et sur la politique monétaire de l'année précédente et de l'année en cours, exclusivement adressé au Parlement devant lequel elle pourra être amenée à répondre de sa politique (audition des membres du Directoire).

3° Le pouvoir décisionnel de la BCE

Au sein de l'Eurosystème, les **décisions sont prises par le Conseil des gouverneurs de la BCE. Cependant, ils ne représentent pas leurs États.** Ils votent en toute indépendance, dans l'intérêt de l'ensemble de la zone euro et les décisions sont prises de manière collégiale. Chaque membre disposant d'une voix.

Toutes les six semaines, le Conseil des gouverneurs prend des décisions de politique monétaire en vue de maintenir l'inflation à 2 %. Ces décisions sont publiées sur son site à 13h45 à l'issue de sa réunion portant sur la politique monétaire.

4° Les règles de vote

Un **système de rotation** a été mis en place au sein du **Conseil des gouverneurs** afin de garantir l'efficacité du processus décisionnel de la BCE malgré l'augmentation du nombre de participants. Les gouverneurs votent à tour de rôle selon une rotation mensuelle.

Les gouverneurs des États de la zone euro classés du 1er au 5e rang, en fonction de la taille de leur économie et de leur secteur financier (actuellement l'Allemagne, la France, l'Italie, l'Espagne et les